LOS ELEFANTES VIAJEROS

BLUME

Título original *Elephants on Tour*

Diseño Eleanor Ridsdale
Traducción Eva María Cantenys Félez
Coordinación de la edición en lengua española
Cristina Rodríguez Fischer

Primera edición en lengua española 2018

© 2018 Naturart, S.A. Editado por BLUME
Carrer de les Alberes, 52, 2.° Vallvidrera, 08017 Barcelona
Tel. 93 205 40 00   e-mail: info@blume.net
© 2018 Laurence King Publishing Ltd, Londres
© 2018 de las ilustraciones Guillaume Cornet

I.S.B.N.: 978-84-17254-92-6

Impreso en China

WWW.BLUME.NET

Este libro se ha impreso sobre papel manufacturado con materia prima
procedente de bosques de gestión responsables. En la producción
de nuestros libros procuramos, con el máximo empeño, cumplir con
los requisitos medioambientales que promueven la conservación y el
uso responsable de los bosques, en especial de los bosques primarios.
Asimismo, en nuestra preocupación por el planeta, intentamos emplear
al máximo materiales reciclados, y solicitamos a nuestros proveedores
que usen materiales de manufactura cuya fabricación esté libre
de cloro elemental (ECF) o de metales pesados, entre otros.

LOS ELEFANTES VIAJEROS

Un viaje para buscar y encontrar por todo el mundo

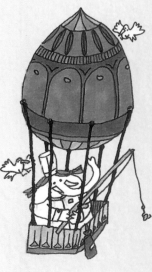

GUILLAUME CORNET

BLUME

¿ESTÁS LISTO PARA UNA AVENTURA?

Cinco amigos elefantes se disponen a emprender el viaje de su vida. Están preparando su equipaje en Londres y planean dirigirse hacia el este para dar la vuelta al mundo.

Únete a ellos en esta aventura y descubrirás los secretos de algunos de los lugares más fascinantes del mundo. Empieza estudiando la ruta y conociendo a tus nuevos compañeros de viaje.

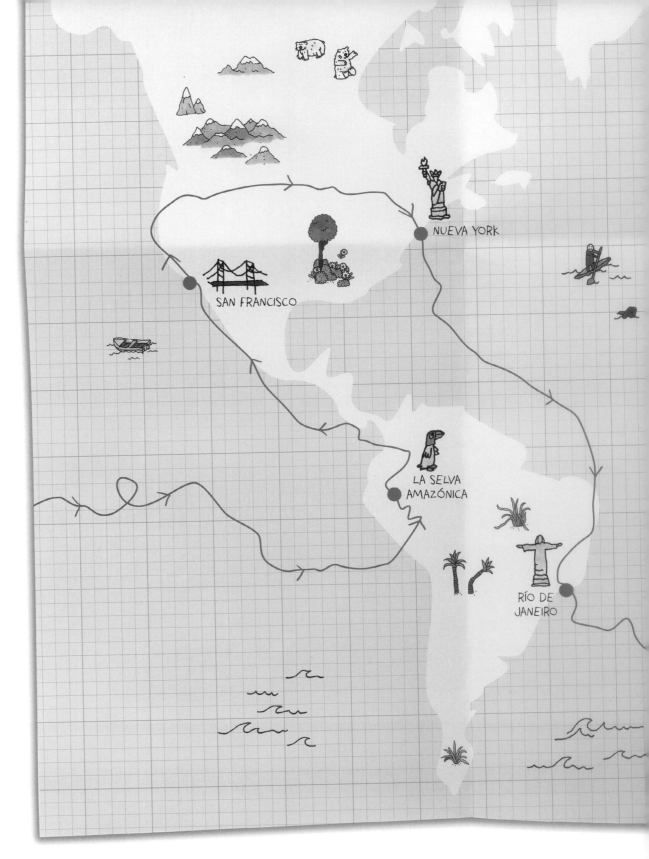

LOS ELEFANTES VIAJEROS

Tu tarea consiste en no perder de vista a los elefantes aventureros.

En cada lugar que visites tienes que:

- Localizar a los cinco elefantes.

- Localizar la pertenencia favorita de cada elefante.

Lee detenidamente la información sobre cada uno de los lugares que visites y lleva a cabo los desafíos adicionales que los elefantes te propondrán a lo largo del viaje.

EL EXPLORADOR
y su maleta

Siempre listo y con un plan, este elefante sabe adónde ir y qué ver. Su equipaje está repleto de entradas y de mapas, y los desafíos adicionales están ocultos en su maleta de rayas, donde suele guardar los recuerdos de viaje.

LA GOURMET
y su *cupcake*

El equipaje de esta elefanta, que explora el mundo a través de su gastronomía, está lleno de cacerolas, sartenes, hierbas y especias. En su bolsillo guarda la receta de los *cupcakes* más sabrosos del mundo.

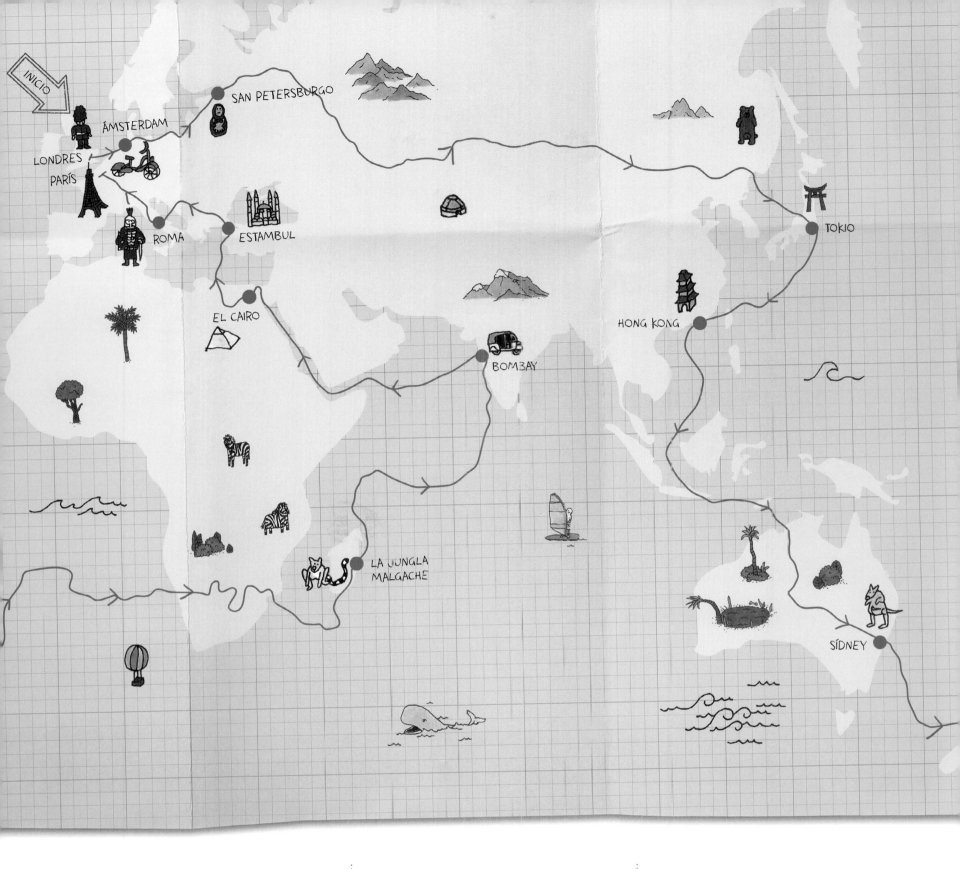

INICIO

LONDRES
PARÍS
ÁMSTERDAM
SAN PETERSBURGO
ROMA
ESTAMBUL
EL CAIRO
BOMBAY
HONG KONG
TOKIO
LA JUNGLA
MALGACHE
SÍDNEY

EL ARTISTA
y su autorretrato

Este elefante artístico siempre lleva un pincel o un lápiz para colorear en su equipaje. Quiere hacerse un nombre y allí donde va cuelga sus autorretratos en cualquier sitio.

LA FOTÓGRAFA
y su cámara

Con su cámara en ristre, de la que no se separa ni un instante, esta elefanta puede fotografiar casi cualquier cosa, desde puestas de sol y tormentas de nieve hasta estatuas y rascacielos.

EL DEPORTISTA
y su patinete

Este elefante energético necesita estar siempre activo. Montar en su patinete de color verde vivo es su deporte favorito porque puede moverse a toda velocidad.

Primera parada: Londres ⟹

LONDRES

Localiza a tus amigos los elefantes montados en autobuses de dos pisos, admirando el río Támesis y la Noria del Milenio.

FICHA DE DATOS

País: Inglaterra (Reino Unido)

Moneda: libra esterlina

Idioma: inglés

Habitantes: más de 8,5 millones

CAFÉ

FISH & CHIPS

NORIA
DEL
MILENIO

CÓMO SALUDAR	Hello!
QUÉ VISITAR	El Museo de Historia Natural y ver el esqueleto de 25 metros de longitud de una ballena azul!
QUÉ HACER	Explorar el HMS *Belfast*, un buque de guerra de la segunda guerra mundial, que hoy es un museo
QUÉ COMPRAR	Un modelo en miniatura de un autobús de dos pisos rojo típico londinense
QUÉ COMER	Rosbif acompañado de pudín de Yorkshire

CÓMO SALUDAR	*Hallo!*
QUÉ VISITAR	Museos de arte para ver obras maestras pintadas por los artistas holandeses Rembrandt y Van Gogh
QUÉ HACER	Recorrer la ciudad en bicicleta (en Ámsterdam hay tantas bicicletas como personas)
QUÉ COMPRAR	Flores multicolores en el único mercado de flores flotante del mundo
QUÉ COMER	*Stroopwafel* (gofres rellenos de delicioso sirope de caramelo) comprados en una pastelería para degustarlos recién horneados

ÁMSTERDAM

Recorre la ciudad en bicicleta, circula por sus numerosos carriles bici y cruza sus 1200 puentes, y únete a los elefantes aventureros para explorar sus calles y sus canales.

UNA ENTRADA
MUSEO VAN GOGH

FICHA DE DATOS

País: Países Bajos

Moneda: euro

Idioma: neerlandés

Habitantes: más de 800 000

SAN PETERSBURGO

En medio de los espléndidos palacios y las
magníficas cúpulas doradas de las iglesias de
San Petersburgo, los elefantes viajeros no pueden
esperar a ver algunos de los tres millones de
tesoros artísticos que alberga el Museo del Hermitage.

FICHA DE DATOS

País: Rusia

Moneda: rublo

Idioma: ruso

Habitantes: más de 5 millones

CÓMO SALUDAR	Zdravstvuyte!
QUÉ VISITAR	El Teatro Mariinski para ver a gráciles bailarinas bailar ballet
QUÉ HACER	Dar un paseo en kayak por los ríos y canales
QUÉ COMPRAR	Una muñeca rusa (matrioska)
QUÉ COMER	Blinis (tortitas rusas)

VIAJE EN EL EXPRESO TRANSMONGOLIANO

¡Pasajeros al tren! Después de trasladaros de San Petersburgo a Moscú, tú y los elefantes aventureros iniciáis uno de los viajes en tren más largos del mundo. El tren retumba y traquetea a través de Rusia, cruzando puentes colosales y pasando por largos y oscuros túneles. El ferrocarril transmongoliano os conduce después a través de Mongolia y el desierto de Gobi hasta China. Desde allí, embarcáis en un transbordador con destino a Japón.

¡No dejes de ver los alces!

Yurtas mongolas tradicionales.

← Lo más memorable de la visita a San Petersburgo

LA FOTÓGRAFA
Todo el mundo iba muy abrigado para no pasar frío en el nevado San Petersburgo. Tomé una fotografía sensacional de un perro que llevaba un gorro marrón con orejeras. Vuelve a visitar la ciudad e intenta localizarlo.

EL ARTISTA
Había edificios extraordinarios a cada paso. Echa otro vistazo a la ciudad y localiza un edificio con la escultura de un pájaro. Fue el que más me gustó.

Próxima parada ➡ Tokio

EL EXPLORADOR
He leído en mi guía
de viaje que el
transporte en Tokio
es ultrarrápido.
Cuando lleguemos
allí, intenta localizar
dos trenes, dos
helicópteros y una
mochila propulsora.

LA GOURMET
Espero que haya
helados en Tokio.
¡A ver si puedes
encontrar el letrero
de una heladería!

EL DEPORTISTA
He oído decir que se
puede practicar todo
tipo de deportes en las
azoteas de los rascacielos.
Localiza a gente que juega
al fútbol y al baloncesto
y que practica yoga en
las azoteas.

東京
TOKIO

Únete a los elefantes aventureros para explorar las ajetreadas calles de Tokio, donde templos budistas y jardines se entremezclan con rascacielos, robots y luces deslumbrantes.

FICHA DE DATOS

País: Japón

Moneda: yen

Idioma: japonés

Habitantes: más de 13 millones en el centro de la ciudad (más de 37 millones en su área metropolitana)

METRO DE TOKIO
Ueno
上野 ▶▶▶▶

CÓMO SALUDAR	Kon'nichiwa!
QUÉ VISITAR	La Tokyo Skytree, la torre más alta del mundo
QUÉ HACER	Cruzar la calle frente a la estación de Shibuya junto con otros cientos de personas atareadas y apresuradas
QUÉ COMPRAR	Un kimono colorido (ura prenda que se asemeja a un batín)
QUÉ COMER	Sushi (plato compuesto de arroz y pescado crudo)

FICHA DE DATOS

País: China

Moneda: dólar de Hong Kong

Idiomas: cantonés y también inglés

Habitantes: más de 7 millones

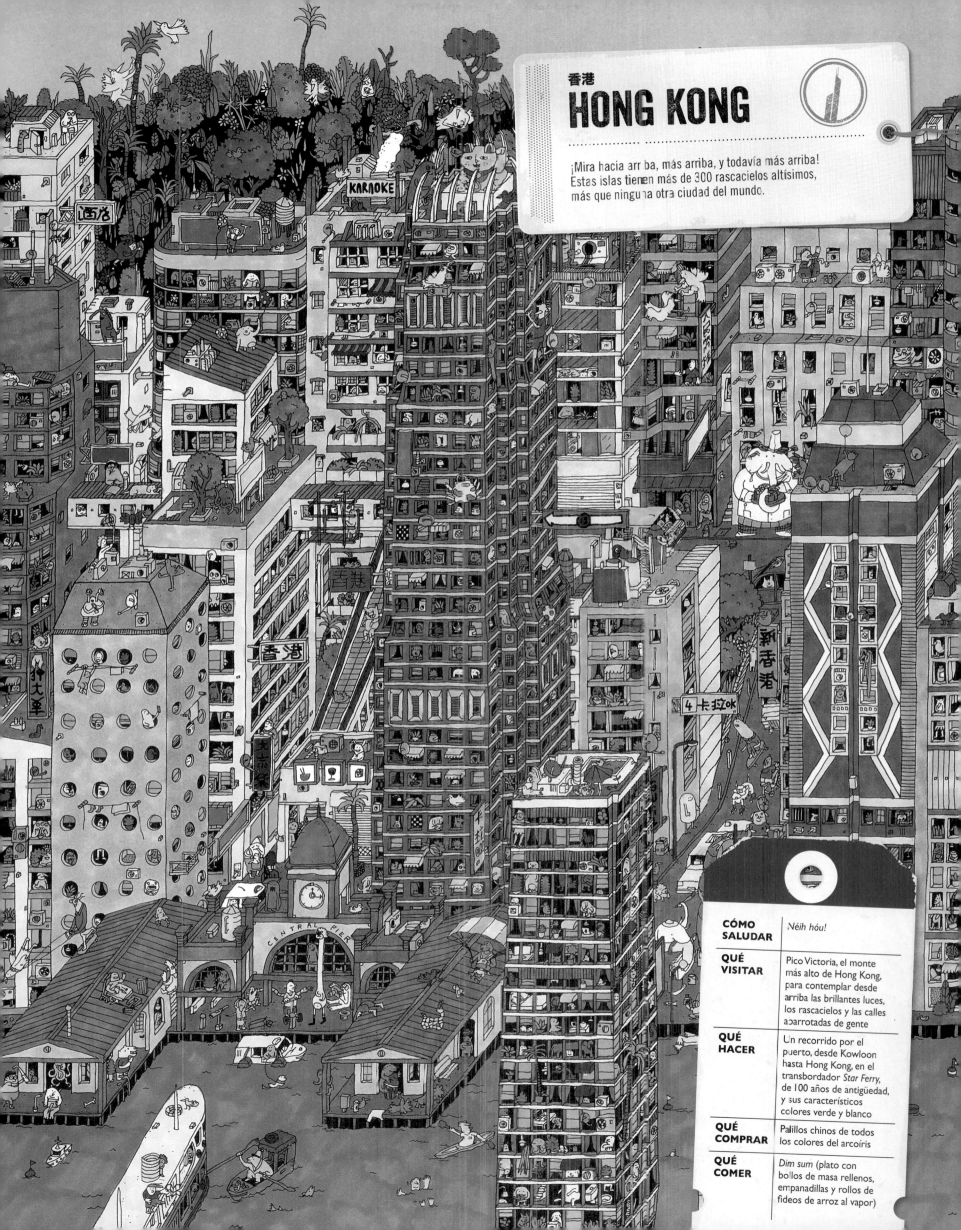

香港
HONG KONG

¡Mira hacia arriba, más arriba, y todavía más arriba!
Estas islas tienen más de 300 rascacielos altísimos,
más que ninguna otra ciudad del mundo.

CÓMO SALUDAR	Néih hóu!
QUÉ VISITAR	Pico Victoria, el monte más alto de Hong Kong, para contemplar desde arriba las brillantes luces, los rascacielos y las calles aparrotadas de gente
QUÉ HACER	Un recorrido por el puerto, desde Kowloon hasta Hong Kong, en el transbordador *Star Ferry*, de 100 años de antigüedad, y sus característicos colores verde y blanco
QUÉ COMPRAR	Palillos chinos de todos los colores del arcoíris
QUÉ COMER	*Dim sum* (plato con bollos de masa rellenos, empanadillas y rollos de fideos de arroz al vapor)

VIAJE A TRAVÉS
DEL GRAN DESIERTO AUSTRALIANO

Los elefantes aventureros consiguen un yate y navegáis rumbo al sur hasta el puerto de Darwin, en el norte de Australia. A continuación, viajáis más de 4 000 kilómetros a través del gran desierto australiano, una vasta tierra salvaje de montañas y eriales. Camellos y otros vehículos os conducen por caminos pedregosos hasta la soleada ciudad de Sídney.

⟵ Lo más memorable de la visita a Hong Kong

LA GOURMET
¡He comido con palillos chinos cada día para practicar! Echa otro vistazo a la ciudad e intenta localizar a alguien comiendo con palillos.

EL ARTISTA
Conocí a una pintora en Hong Kong y me enseñó su último cuadro de unas flores. ¿Eres capaz de encontrarlo?

¡Localiza animales! Encuentra canguros, emús (que son aves que no pueden volar) y perros salvajes (llamados dingos).

Próxima parada ⟹ **Sídney**

EL EXPLORADOR
Espero ver canguros en Sídney. ¡A ver si puedes encontrar uno con patines!

EL DEPORTISTA
Estoy impaciente por surfear las olas. Ayúdame a encontrar seis tablas de surf por toda la ciudad y así podré conocer a otros surfistas.

LA FOTÓGRAFA
He tomado unas fotografías estupendas de los edificios. La Ópera de Sídney y el Puente de la Bahía de Sídney me encantaron, pero mi edificio favorito es la Torre de Sídney. Tiene un mirador dorado y es la estructura más alta de la ciudad. ¿Eres capaz de encontrarla?

SÍDNEY

Sube hasta la cima del Puente de la Bahía de Sídney para localizar a tus amigos elefantes explorando el puerto de esta ciudad, rodeada de playas doradas y de parques que bullen de vida silvestre.

Puente de la Bahía de Sídney

FICHA DE DATOS

País: Australia

Moneda: dólar australiano

Idioma: inglés

Habitantes: más de 4 millones

CÓMO SALUDAR	G'day!
QUÉ VISITAR	La Ópera de Sídney, que recibe la visita de más de 8 millones de personas cada año
QUÉ HACER	Aprender a surfear
QUÉ COMPRAR	Un llavero en forma de koala
QUÉ COMER	Parrillada de pescado y marisco fresco

LA SELVA AMAZÓNICA

La travesía del océano Pacífico os lleva a ti y a tus compañeros elefantes a Sudamérica. Navega en canoa por el río Amazonas a través de la selva pluvial más grande del mundo, y conoce a los animales, pájaros, plantas y gente que habitan aquí.

AMAZONAS
★
CRUCERO FLUVIAL

FICHA DE DATOS

País: la selva amazónica se extiende
por Brasil, Perú, Colombia y otros
seis países

Idioma: en la Amazonia se habla
español, portugués y más de
150 lenguas tribales

Habitantes: 390 mil millones de árboles,
1300 especies de aves, 427 de mamíferos,
3000 de peces y millones de personas

CÓMO SALUDAR	¡Hola!
QUÉ VISITAR	Los templos incas en Perú
QUÉ HACER	Evitar las pirañas carnívoras que viven en el río Amazonas
QUÉ COMPRAR	Bonitos cestos hechos a mano
QUÉ COMER	Ceviche (pescado crudo marinado en jugo de cítricos)

FICHA DE DATOS

País: Estados Unidos de América

Moneda: dólar estadounidense

Idioma: inglés

Habitantes: más de 850 000

SAN FRANCISCO

Cruza el puente Golden Gate y toma el funicular en una de las empinadas colinas de San Francisco para localizar desde la cima a tus amigos elefantes que exploran la ciudad.

CÓMO SALUDAR	Hi there!
QUÉ VISITAR	La bahía de San Francisco para ver los leones marinos y los delfines
QUÉ HACER	Dar un paseo en barco hasta Alcatraz, una isla rodeada por aguas infestadas de tiburones, que antaño albergó una prisión de alta seguridad
QUÉ COMPRAR	Postales del Museo de Arte Moderno
QUÉ COMER	Sándwiches de helado

NUEVA YORK

Recorre la ciudad en un taxi amarillo típico neoyorquino y contempla los famosos rascacielos, como el Edificio Chrysler. Y después pasea en una embarcación por el lago de Central Park.

CÓMO SALUDAR | *Hi!*

QUÉ VISITAR | Uno de los muchos teatros de Broadway para ver un espectáculo

QUÉ HACER | Subir los 354 escalones para llegar a la corona de la Estatua de la Libertad

QUÉ COMPRAR | Una gorra de béisbol de los New York Yankees

QUÉ COMER | *Chili dogs* (hot dogs, «perritos calientes», rociados con salsa)

PASEO EN BOTE
LAGO DE CENTRAL PARK
UNA HORA

FICHA DE DATOS

País: Estados Unidos de América

Moneda: dólar estadounidense

Idioma: inglés

Habitantes: más de 8,5 millones

CÓMO SALUDAR	Olá!
QUÉ VISITAR	El Theatro Municipal, un antiguo teatro sito en un edificio revestido de oro
QUÉ HACER	Subir en el teleférico para disfrutar de unas espectaculares vistas de la ciudad
QUÉ COMPRAR	Unas chancletas para ir a la playa de Copacabana
QUÉ COMER	Feijoada (guiso de alubias negras y carne)

RÍO DE JANEIRO

Tú y tus compañeros elefantes estáis de vuelta en Sudamérica, justo a tiempo para el carnaval. Recorre esta ciudad, rodeada de bosques montañosos y maravillosas playas, mientras participas en el desfile del carnaval de Río.

TEATRO MUNICIPAL

00 8340 5829

FICHA DE DATOS

País: Brasil

Moneda: real brasileño

Idioma: portugués

Habitantes: más de 6 millones

TRAVESÍA DEL ATLÁNTICO

Ha llegado el momento de que la expedición de los elefantes emprenda el vuelo.
Tú y tus amigos elefantes voláis sobre el océano Atlántico, que divide el continente
americano de Europa y África. Mientras sobrevuelas las aguas sin fin, contempla algunas
de las islas más remotas del mundo. Cuando lleguéis a la costa de África, continuad
rumbo al océano Índico y la enorme isla de Madagascar.

Sobrevolando el océano Atlántico

⬅ Lo más memorable de la visita a Río

EL ARTISTA
¡Los colores del
carnaval eran
fantásticos! Echa
otro vistazo a la
ciudad y localiza
un automóvil morado
con alas naranjas.

LA FOTÓGRAFA
Tomé una fotografía
fabulosa de
un pulpo con un
sombrero de copa.
¿Eres capaz
de encontrarlo?

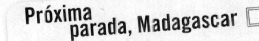

Próxima
parada, Madagascar ➡

EL EXPLORADOR
Con un poco de suerte,
podremos ver todo
tipo de animales
entre los baobabs.
¡A ver si puedes
encontrar un cocodrilo
y dos flamencos!

EL DEPORTISTA
He oído decir que
a los lémures de
Madagascar les
gusta el deporte tanto
como a mí. Intenta
localizar a un lémur
que rema en una
embarcación, a otro
que monta en bicicleta
y a un par que juegan
a las palas.

LA GOURMET
Estoy deseando
preparar una deliciosa
macedonia de frutas
cuando lleguemos allí.
Ayúdame a encontrar
tres piñas para empezar
a elaborarla.

FICHA DE DATOS

País: Madagascar

Moneda: ariary malgache

Idiomas: malgache
y francés

Habitantes: más de 24 millones
(más de 1 millón en Antananarivo, su
capital)

CÓMO SALUDAR	*Salama!*
QUÉ VISITAR	Junglas que albergan más de 100 especies de lémures
QUÉ HACER	Pasear entre los baobabs, cuyos gigantescos troncos pueden almacenar más de 100 000 litros de agua
QUÉ COMPRAR	Ropa a base de *patchwork*, con patrones tradicionales denominados *lamba*
QUÉ COMER	Macedonia de frutas frescas con crema de vainilla de Madagascar

LA JUNGLA
MALGACHE

Localiza a los elefantes entre los baobabs gigantescos de Madagascar,
que es la cuarta isla más grande del mundo. Allí viven miles de animales
y plantas que no se encuentran en ningún otro lugar de la Tierra.

BOMBAY

Incluso un elefante puede perderse entre los grandes hoteles, los templos ornamentados y los bulliciosos mercados callejeros de la ciudad más poblada de la India.

FICHA DE DATOS

País: India

Moneda: rupia

Idiomas: hindi, marathi y otros (superan los 100)

Habitantes: más de 18 millones

CÓMO SALUDAR	Namaste!
QUÉ VISITAR	La hermosa estación de tren de Chhatrapati Shivaji
QUÉ HACER	Tomar una taza de chai, un té especiado
QUÉ COMPRAR	Un sari colorido en un mercado callejero
QUÉ COMER	Vada pav (empanadillas de patata con chutney)

TRAVESÍA DEL CANAL DE SUEZ

En el viaje de Bombay a El Cairo, tú y tus compañeros elefantes conseguís embarcar en un enorme carguero que atraviesa el canal de Suez. Es un atajo que permite que los barcos puedan navegar entre Europa y Asia sin necesidad de circunnavegar el continente africano.

Un carguero repleto de mercancías, como petróleo, cereales y metales.

ERSK LINE

¡Saluda a los camellos!

◁ Lo más memorable de la visita a Bombay

EL EXPLORADOR
Me encantó montar en los tuk-tuks, unos pequeños taxis de tres ruedas de color amarillo y gris. Vuelve a visitar la ciudad y localiza nueve tuk-tuks.

EL DEPORTISTA
Había monos acrobáticos por todos los lados. Echa otro vistazo a la ciudad y localiza a un mono que anda por la cuerda floja.

¡Ponte cómodo, ya que la travesía puede durar hasta 16 horas!

Próxima parada ➡ **El Cairo**

EL ARTISTA
Estoy deseando ver los magníficos minaretes. Intenta localizar uno con un motivo en zigzag de color gris, rosa y amarillo.

LA GOURMET
Estoy impaciente por cocinar las especialidades del país. Ayúdame a encontrar un puesto de especias en la ciudad donde pueda abastecerme para mi próximo experimento culinario.

LA FOTÓGRAFA
He oído decir que puede haber cocodrilos junto al río Nilo. Ayúdame a encontrar tres para hacer unas buenas tomas.

EL CAIRO

Persigue a los elefantes aventureros por las bulliciosas calles de El Cairo y a lo largo de las orillas del río Nilo, donde puedes explorar la Gran Esfinge y las pirámides de Guiza.

FICHA DE DATOS

País: Egipto

Moneda: libra egipcia

Idioma: árabe

Habitantes: más de 9 millones

CÓMO SALUDAR	*Marhaban!*
QUÉ VISITAR	Las pirámides de Guiza, que eran tumbas de faraones y fueron construidas hace más de 4 500 años
QUÉ HACER	Contemplar la ciudad desde la cima de la Torre de El Cairo
QUÉ COMPRAR	Pinturas en papiro (un antiguo tipo de papel) en un bazar
QUÉ COMER	*Kosnari* (arroz, lentejas y coditos con salsa de tomate picante)

ESTAMBUL

Intenta contar todas las impresionantes cúpulas y minaretes (torres altas y estrechas provistas de balcones) de Estambul, única ciudad del mundo situada en dos continentes: a un lado del estrecho del Bósforo estás en Asia y al otro lado, en Europa.

HAGIA SOPHIA
ESTAMBUL

FICHA DE DATOS

País: Turquía

Moneda: lira turca

Idioma: turco

Habitantes: más de 14,5 millones

FICHA DE DATOS

País: Italia

Moneda: euro

Idioma: italiano

Habitantes: más de 2,5 millones

ROMA

En esta ciudad llena de ruinas del Imperio romano, lleva a tus amigos elefantes a visitar iglesias famosas repletas de cautivadoras pinturas.

COLISEO

CÓMO SALUDAR	¡Ciao!
QUÉ VISITAR	El Coliseo, para revivir con la imaginación las luchas de gladiadores
QUÉ HACER	Subir por la escalinata de la Plaza de España, que tiene 138 escalones y es la escalera más ancha de Europa
QUÉ COMPRAR	Helado (gelato) de ocho sabores diferentes
QUÉ COMER	¡Una pizza gigante!

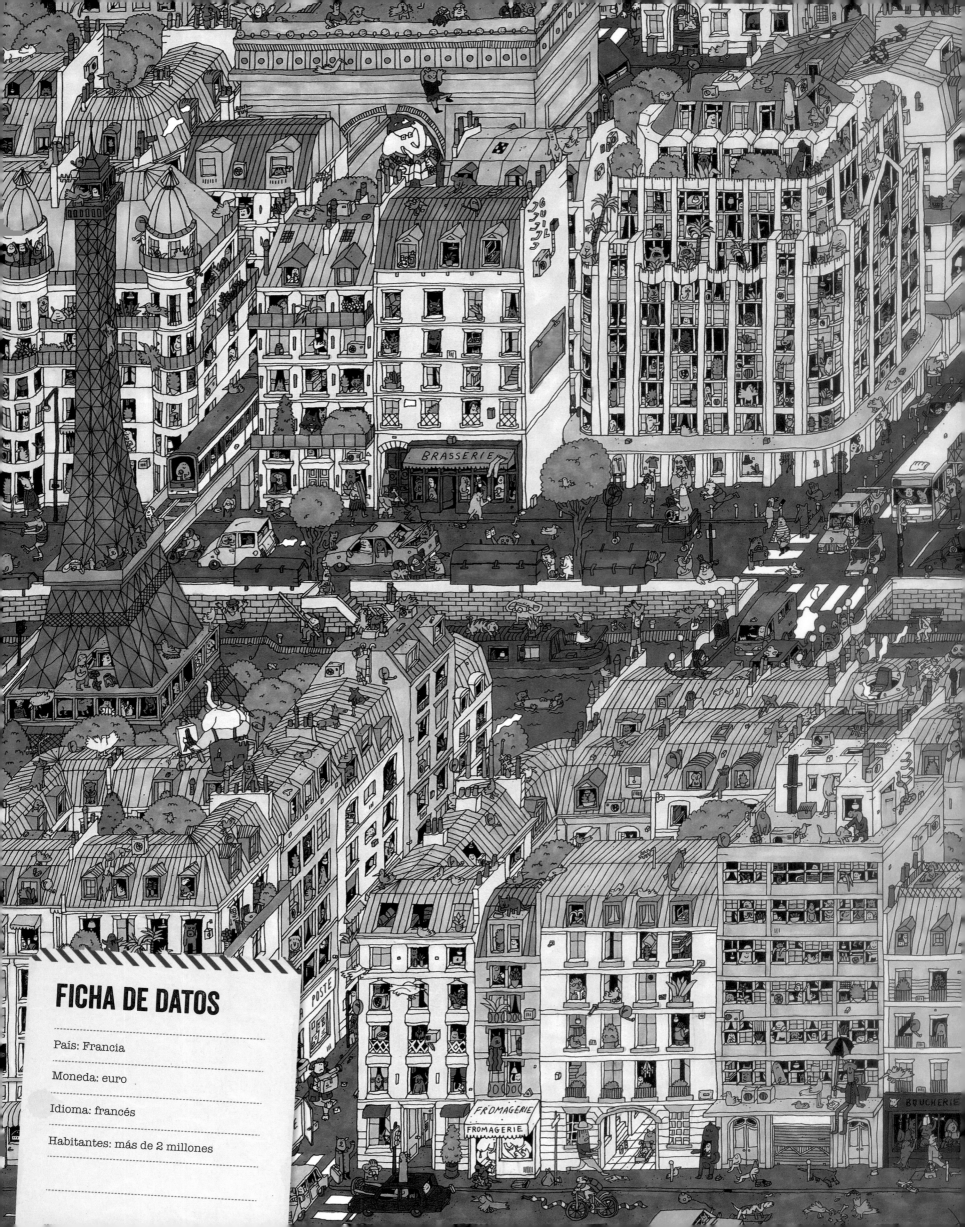

FICHA DE DATOS

País: Francia

Moneda: euro

Idioma: francés

Habitantes: más de 2 millones

PARÍS

Sé el primero en localizar el Arc de Triomphe, un arco de piedra que es uno de los numerosos monumentos que atesora esta ciudad ¡Y celebra el triunfo de haber concluido tu aventura!

CÓMO SALUDAR	Bonjour!
QUÉ VISITAR	El Museo del Louvre para ver el famoso cuadro de la *Mona Lisa*
QUÉ HACER	Subir a la Torre Eiffel, que tiene 1 665 escalones (¡y afortunadamente un ascensor!)
QUÉ COMPRAR	*Macarons* en una pastelería
QUÉ COMER	*Croque monsieur* (sándwich mixto de jamón dulce y queso gratinado)

EL VIAJE DE REGRESO

Tras embarcar en un transbordador y cruzar el Canal de la Mancha, tú y los elefantes aventureros llegáis a Inglaterra, de vuelta al punto de partida de vuestro viaje alrededor del mundo. Ha llegado el momento de deshacer el equipaje y mirar las fotografías.

Echa una mirada retrospectiva al viaje y localiza estos grandes momentos. ¿Dónde los vivieron los elefantes aventureros?

Contemplar las casas pintadas de una de las ciudades más coloristas de América.

Subir y bajar por la escalera mecánica exterior cubierta más larga del mundo.

Admirar los minaretes y las cúpulas de la Mezquita Azul.

Lanzar monedas para pedir un deseo en una de las fuentes más famosas del mundo.

Subir a la cima de un edificio de más de 300 metros de altura.

¿Has visto algo fuera de lugar durante la aventura? Rememora el viaje e intenta localizar a estos turistas insólitos.

 Un guardia real de Londres en Hong Kong

 Un participante del desfile del carnaval de Río en San Petersburgo

 Una barcaza de flores de Ámsterdam en Bombay

 Dos lémures de Madagascar en San Francisco

 Un canguro de Sídney en París

 Un camello de El Cairo en Tokio

 Un tuk-tuk de Bombay en Sídney

 Un habitante de San Petersburgo en Estambul

 Un soldado romano en Nueva York

 Un taxi de Nueva York en Londres

 Dos leones marinos de San Francisco en El Cairo

 Un jaguar del Amazonas en Ámsterdam

¿Y eres capaz de encontrar estos edificios singulares? ¿En qué lugar los vieron los elefantes viajeros?

 Una aguja de catedral con un reloj en dos de sus lados

 Un obelisco (un pilar alto y puntiagudo)

 Un arco ornamentado

 Un campanario

 Un torreón ornamentado

 Un corral de ovejas en un terrado

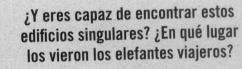

Casas pintadas = San Francisco; Escalera mecánica = Hong Kong; Mezquita Azul = Estambul; Fuente = Roma; Edificio de 300 m de altura = Londres; Aguja; Obelisco = Ámsterdam; Arco = Roma; Campanario = París; Torreón = Bombay; Corral de ovejas = El Cairo.

Las respuestas a los desafíos adicionales de esta página están marcadas con círculos rosas en la página siguiente.

RESPUESTAS

- ◯ = Elefantes
- ◯ = Pertenencias de los elefantes
- ◯ = Desafíos adicionales de «Lo más memorable de las visitas» y «Las próximas paradas»
- ◯ = Desafíos adicionales de «El viaje de regreso»

Londres

Ámsterdam

San Petersburgo

Tokio

Hong Kong

Sídney

La selva amazónica

San Francisco

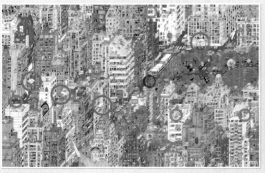

Nueva York

Río de Janeiro

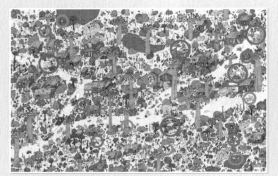

La jungla malgache

Bombay

El Cairo

Estambul

Roma

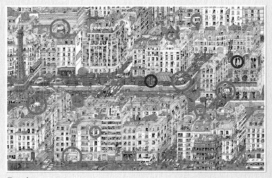

París

Agradecimientos

Quiero expresar mi más profundo
agradecimiento a Cat Dew por compartir
esta aventura conmigo y por estar siempre
atenta para captar esos momentos
singulares y únicos que hacen que la vida
sea tan fascinante.

Quiero dar las gracias a Ann Harrison y a
Jaccomien Klap, y también a Chloë Pursey,
Leah Willey y al resto del equipo de Laurence
King Publishing, por haber hecho posible
este libro.

Dedico este libro a UNIT10, un lugar y una
época ocultos de mi vida, donde la imaginación
y la creatividad no tenían límites.

LOS ELEFANTES VIAJEROS

Mansión de la Gran Probóscide

Avenida de la Memoria Elefantiásica

Colmillar de Arriba